★ 학생용 워크북 ★

진로를 찾아라

진로직업
교육

전도근 저

열쇠

학지사

개인에게 있어 진로는 인생의 방향을 결정하는 수단이며, 직업은 살아가는 데 필요한 물질적 자원을 정당하게 취득할 수 있는 수단이다. 개인이 어떠한 진로와 직업을 가지느냐가 사회적 지위를 결정해 주고, 자아실현 기회도 마련해 준다. 한 번 선택한 진로와 직업이 개인의 인생에 매우 중요한 역할을 하는 것을 알 수 있다. 진로와 직업 선택을 지혜롭게 해서 편안한 인생을 보내는 경우도 볼 수 있지만, 진로와 직업 선택을 잘못해서 평생 어려움 가운데 인생을 보내는 경우를 주변에서 쉽게 볼 수 있다. 진로와 직업 선택은 이처럼 인생을 행복하게 사는 것 이외에 자아실현의 기회를 가질 수 있느냐, 없느냐를 결정하는 데도 큰 역할을 한다.

오늘날 하루가 다르게 수많은 지식과 정보들이 생겨나고 소멸하고 있으며, 그것으로 인해 우리의 상상을 초월할 만큼 급격한 사회 변화를 겪고 있다. 이에 따라 진로와 직업 세계도 매우 다양해지고 있다. 이처럼 진로와 직업 세계의 급격한 변화는 그 무엇보다도 지식과 정보를 활용하는 능력과 사회 변화에 능동적으로 대처할 수 있는 능력을 요구하고 있다.

하지만 이러한 진로와 직업을 선택하는 능력은 하루아침에 갑자기 생겨나는 것이 아니다. 어린 시절부터 자신이 가지고 있는 직업적 소질과 적성, 흥미를 찾아가는 과정 속에서 자신의 능력에 맞는 진로 방향을 설정하고, 그 능력에 맞는 직업을 탐색하며, 선생님들의 다양한 진로 지도를 받을 때 이러한 능력은 함양될 수 있다.

이 책은 여러분이 긍정적인 자아정체성을 확립하고 자아실현을 위하여 진로와 직업을 스스로 선택할 수 있도록 도와주고자 하는 목적을 가지고 있다. 또 급변하는 사회만큼이나 진로와 직업의 세계도 변화하고 있기에 이에 대한 미래 사회의 모습을 정확히 예측하고, 자신의 소질과 적성을 조기에 파악하여 스스로 자신의 인생 방향을 바람직하게 안내해 주고자 구성하였다.

이 책을 통하여 여러분들이 올바른 진로와 직업을 선택할 수 있는 능력을 갖게 되어 원하는 직업으로 자아실현을 할 수 있는 행복한 세상이 오기를 기원해 본다.

2011년
전도근

차 례

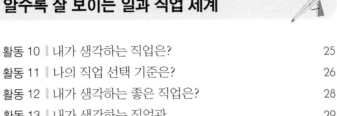

제3장 알수록 잘 보이는 일과 직업 세계

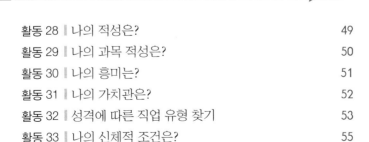

제4장 나의 진로를 결정하라

제5장 자격증, 알고 취득해야 한다

제 1 장

진로직업 교육이란 무엇인가

활동 1 | **진로직업 교육 이해하기**

진로직업 교육이 무엇인지 생각하면서 답해 봅시다.

	구분	특징
내가 생각하는 '진로직업 교육' 이란?		
진로직업 교육의 필요성은?	개인적 측면	
	가정적 측면	
	국가 · 사회적 측면	
진로직업 교육을 위해서 내가 해야 할 일은?		

MEMO

제 2 장

나를 알아야
직업이 보인다

| 활동2 | 나는 어떤 사람일까? |

스스로에 대해 다음 두 단어 중 하나를 선택하고, 그 이유를 간략하게 서술해 봅시다.

선택		이유는?
행복하다	불행하다	
긍정적이다	부정적이다	
자신감이 있다	자신감이 없다	
능동적이다	수동적이다	
적극적이다	소극적이다	
활동적이다	생각을 많이 한다	
잘생겼다	못생겼다	
친절하다	불친절하다	
공부를 잘한다	공부를 못한다	
성실하다	불성실하다	
노력한다	게으르다	
집중력이 높다	산만하다	
운동을 잘한다	운동을 못한다	
친구가 많다	친구가 별로 없다	
자신에 대해 만족한다	자신에 대해 만족하지 못한다	

활동 3 | 부모님은 나를?

부모님이 나를 어떻게 생각하실지 다음 두 단어 중 하나를 선택하고, 그 이유를 간략하게 서술해 봅시다.

선택		이유는?
행복하다	불행하다	
긍정적이다	부정적이다	
자신감이 있다	자신감이 없다	
능동적이다	수동적이다	
적극적이다	소극적이다	
활동적이다	생각을 많이 한다	
잘생겼다	못생겼다	
친절하다	불친절하다	
공부를 잘한다	공부를 못한다	
성실하다	불성실하다	
노력한다	게으르다	
집중력이 높다	산만하다	
운동을 잘한다	운동을 못한다	
친구가 많다	친구가 별로 없다	
자신에 대해 만족한다	자신에 대해 만족하지 못한다	

1 질문의 응답 결과를 통하여 앞으로 고쳐야 할 것은 무엇인가?

_____

2 질문 중 어떤 것이 여러분이 자신에 대해 모르고 있었던 것을 깨닫게 해 주었는가?

_____

내가 원하는 것과 그에 대한 이유를 간략하게 서술해 봅시다.

구분	답	이유
내가 먹고 싶은 것		
내가 해 보고 싶은 것		
내가 되고 싶은 것		
내가 가 보고 싶은 곳·		
내가 갖고 싶은 것		
내가 사귀고 싶은 친구는		
내가 친구들에게 주고 싶은 것		
내가 부모님께 드리고 싶은 것		

 자아정체성 검사

　여러분 자신의 자아정체성을 검사해 보고자 하니 솔직하게 대답해 주기 바랍니다. 해당 문항이 맞으면 '예'에, 해당 문항이 맞지 않으면 '아니요'에 체크해 주세요.

	나의 자아정체성은?	예	아니요
1	나는 내가 왜 사는지 알고 있다.		
2	나는 정확한 꿈을 가지고 있다.		
3	나는 모든 일을 긍정적으로 생각한다.		
4	나는 나의 미래에 대하여 꿈과 희망을 갖고 있다.		
5	나의 몸은 건강하다.		
6	나는 예의 바른 사람이다.		
7	나는 한 번 정한 목표는 꼭 달성한다.		
8	나는 모든 일을 스스로 처리할 수 있다.		
9	나는 어떤 일이 있어도 포기하지 않는다.		
10	나는 공부를 잘한다.		
11	나는 남 앞에 서는 것이 자신 있다.		
12	나는 어떤 친구와도 쉽게 친해진다.		
13	나는 학급 일에 잘 참여한다.		
14	나는 마음이 잘 변하지 않는다.		
15	나는 나쁜 일은 절대 하지 않는다.		

'예'에 답한 총 개수 (　　　　　)개

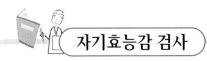

자기효능감 검사

여러분 자신의 자기효능감을 검사해 보고자 하니 솔직하게 대답해 주기 바랍니다. 해당 문항이 맞으면 '예'에, 해당 문항이 맞지 않으면 '아니요'에 체크해 주세요.

	나의 자기효능감은?	예	아니요
1	나는 내가 왜 사는지 알고 있다.		
2	나는 정확한 꿈을 가지고 있다.		
3	나는 모든 일을 긍정적으로 생각한다.		
4	나는 나의 미래에 대하여 꿈과 희망을 갖고 있다.		
5	나는 한 번 한다면 한다.		
6	나는 공부 목표가 무엇인지 안다.		
7	나는 계획 세우는 것을 좋아한다.		
8	나는 친구들과 잘 어울린다.		
9	나는 성취감이 높다.		
10	나는 나 자신을 신뢰하고 있다.		

'예'에 답한 총 개수 (　　　　　)개

활동 5 | 내가 만약 ~이 된다면?

다음에 제시된 직업을 가지면 어떨지 쓰고, 그 이유를 간략히 서술해 봅시다.

구분	답	이유
대통령		
교사		
의사		
과학자		
기자		
연예인		
예술가		
국회의원		
변호사		
판사		
회사원		
영업사원		
요리사		
운전기사		
호텔 종사자		

활동 6 | **나의 미래는?**

각 질문에 대한 답변을 적고 이유를 서술해 봅시다.

질문	답	이유
종사하고 싶은 직업은?		
가고 싶은 대학은?		
닮고 싶은 사람은?		
갖고 싶은 차는?		
살고 싶은 집은?		
만나고 싶은 사람은?		
어떤 배우자를 만날까?		
공부는 어디까지 하고 싶은가?		
사회적으로 어떤 사람이 되길 바라는가?		

활동 7 | 나의 실천 계획은?

10년 단위 목표		
구분	내용	이유
20대		
30대		
40대		
50대		
60대		
70대		
80대		
꿈을 이루기 위해 매일 해야 할 일		

내 주위의 사람들에 대해 생각하면서 다음 질문에 답해 봅시다.

구분	사람	이유	공통점
행복하다고 느끼는 사람			
불행하다고 느끼는 사람			

나는 행복한가, 불행한가	이유는?

활동 9 나의 미래 설계하기

나의 현재와 미래에 대해 생각하면서 다음 질문에 답해 봅시다.

중학생 시기의 나의 모습은?	고등학교 시기의 나의 모습은?

대학생 시기의 나의 모습은?	직장인이 되어 명함을 만들어 본다면?

은퇴할 때 나의 프로필을 만든다면?	사람들에게 해 주고 싶은 말은?

제 3 장

알수록 잘 보이는
일과 직업 세계

다음의 상황에서 여러분이 철수라면 어떻게 결정할지 생각하면서 답해 봅시다.

철수는 고등학교 3학년 때 부모님이 돌아가셔서 많은 재산을 물려받았습니다. 그는 돈이 많이 생겨 굳이 취직을 하지 않아도 되기 때문에 대학 진학을 고민하고 있습니다. 여러분이 철수라면 어떻게 결정하겠습니까?

문제	답	이유
나라면 대학 진학을 어떻게 할까?		
나라면 대학을 졸업하고 취업을 할까?		
나라면 물려받은 유산을 어떻게 할까?		
내가 다니던 직장에서 퇴직을 당하면 어떻게 할까?		
사람들이 직업을 갖는 이유는 무엇일까?		

활동 11 | 나의 직업 선택 기준은?

욕구의 종류에 따라 구체적인 직업을 적어 봅시다.

구분	욕구의 종류	구체적인 직업
생리적 욕구	경제적으로 겪는 문제를 해결하고 싶은 욕구 돈을 벌고 싶은 욕구	
안전에의 욕구	새로운 사업이나 창업을 하고 싶은 욕구 새로운 직업을 갖고 싶은 욕구 자신의 건강을 챙기고 싶은 욕구 새로운 분야에 진출하고 싶은 욕구	
소속에의 욕구	직장 내에서 좋은 인간관계를 맺고 싶은 욕구	
존경의 욕구	남들에게 존경받고 싶은 욕구	
인지적 욕구	공부나 교육에 대한 욕구 전문가가 갖추어야 할 커리어에 대한 욕구 자격증을 취득하고 싶은 욕구 학위를 취득하고 싶은 욕구	
심미적 욕구	아름다운 것을 보고 싶은 욕구 가치 있는 것을 가지고 싶은 욕구 좋은 곳에 가고 싶은 욕구	
자아실현의 욕구	자신이 목표한 것을 실천하고 싶은 욕구 원하는 목표를 달성하고 싶은 욕구	

직업 선택의 기준이 바뀌고 있다.

우리나라만큼 직업에 대한 귀천의식이 강한 나라도 드물다. 직업의 귀천의식이 강한 사회일수록 직업을 생계수단으로 생각하기 때문에 보상 수준이 직업의 좋고 나쁨의 기준이 된다. 결국 이러한 사회 분위기는 자신의 재능이나 적성은 무시한 채 보상 수준이 높은 직업을 선택하게 한다. 직업의 좋고 나쁨을 보상 수준으로만 따지면 하위 직업 종사자는 열등감으로 인해 직업만족도는 낮아지고, 보상 수준이 높은 상위 직업 종사자 역시 적성에 맞지 않는 직업을 선택하였기에 사회 전체의 직업만족도는 낮아지게 된다. 한국직업능력개발원의 조사 결과, 대표적인 고소득 직업이자 선망의 대상인 의사들이 정작 직업만족도가 낮았다.

얼마 전 치과 의사로 근무하던 의사 K씨는 갑자기 병원을 팔고, 국수집을 차려서 화제가 된 적이 있다. 매일 얼굴을 찡그리는 사람들만 상대하던 어느 날 자신에게 '내가 하고 있는 일이 정말 행복한가?'라는 질문을 던지고 나서 결심했다는 것이다. 소위 출세했다고 할 수 있는 의사라는 사람이 국수집을 차린 것은 신선한 충격이었다. 많고 많은 직업 중에서 "왜 국수집을 차렸는가?"에 대한 질문에 K씨는 "얼굴 찡그리는 사람들보다는 내가 해 주는 국수를 먹고 기뻐하는 모습을 보는 것이 좋아서 선택했다"고 하였다.

청년 실업이 증가하고 일자리를 찾으려다 못 찾아 자살하는 시대에 무슨 배부른 소리냐고 할 수도 있겠지만 직업관을 올바로 갖지 못한다면 K씨와 같이 만족하지 못하는 인생을 살다가 직업을 전환해야 하는 경험을 하게 될지도 모른다. 따라서 직업을 선택하기 위해서는 직업관을 확실히 해야 한다. 직업관이 뚜렷할 때는 좋은 직업이나 나쁜 직업에 대한 편견을 갖지 않는다. 그러나 직업관이 뚜렷하지 않으면 직업을 선택할 때의 기준을 좋은 직업과 나쁜 직업으로 구분하려는 성향이 생긴다.

존재하는 모든 직업에는 각각 장단점이 있어서 절대적으로 좋거나 절대적으로 나쁜 직업이 없다. 그리고 직업의 특성은 각 개인이 어떻게 생각하느냐에 따라 장점이 될 수도 있고 단점이 될 수도 있다. 예를 들어, 어떤 사람은 우유 배달을 아침 일찍 해야 하므로 단점이라고 하고, 어떤 사람은 우유 배달을 아침 운동으로 보고 큰 장점이라 한다. 따라서 직업의 좋고 나쁨은 개인에 따라 다른 상대적인 개념이지 절대적인 개념이 아니다. 나의 모든 것을 충족시켜 줄 수 있는 직업은 없으므로 내가 바라는 우선순위를 정하고 상대적으로 그 요인을 가장 잘 충족시켜 줄 수 있는 직업을 선택해야 한다.

활동 12 ｜ 내가 생각하는 좋은 직업은?

내가 생각하는 좋은 직업이란 무엇인지 그 이유를 적어 봅시다.

종류	이유
적성에 맞는 직업	
충분한 수입을 가져다주는 직업	
정년을 보장받는 직업	
신변의 안전이 보장되는 직업	
자긍심을 가질 수 있는 직업	
봉사할 수 있는 직업	
충분한 여가와 자유가 보장되는 직업	
성취감을 맛볼 수 있는 직업	

활동 13 | 내가 생각하는 직업관

직업에 관해서 생각해 보고 다음 질문에 답을 적어 봅시다.

질문	답
내가 생각하는 직업관이란?	
내가 생각하는 귀천의식이란?	
내가 생각하는 천직이란?	
내가 생각하는 직업의 의무란?	
내가 생각하는 직업의 최선이란?	
이러한 직업관을 가지게 된 이유는?	

활동 14 | 내가 생각하는 직장관

내가 생각하는 직장에 대해서 떠올리면서 다음 질문에 대한 답을 적어 봅시다.

질문	답
내가 생각하는 직장이란?	
직장은 왜 삶의 터전일까?	
직장은 왜 수련의 장일까?	
직장은 왜 협동의 장일까?	
직장은 왜 창조의 장일까?	
이러한 직장관을 가지게 된 이유는?	

활동 15 | 직장에서 성공하기 위해서는?

내가 직장에 들어가면 어떻게 해야 할지 질문에 대해 답을 적어 봅시다.

질문	답
업무 처리는?	
직장에서 해야 할 행동은?	
동료 간에는 어떻게 지내야 하는가?	
일을 할 때는 어떤 자세로?	
맡은 일은?	
상급자가 시키는 일은?	
일을 다 못 마쳤을 때는?	
불만이 있다면?	

활동 16 　직장에서의 인간관계는?

내가 직장인이 되면 직장에서 어떤 인간관계를 맺어야 할지 질문에 대해 답을 적어 봅시다.

질문	답
나의 생각을 주장할 때는?	
의견이 상충되면?	
동료에 관한 이야기를 다른 사람에게 할 때?	
존경받기 위해서는?	
약속한 것은?	

직업에 관한 다음 질문에 답해 봅시다.

질문	답
자신이 잘 모르는 직업의 종류를 알기 위해서 어떻게 하면 좋은가?	
과거에는 어떤 직업을 희망했는가?	
현재에는 어떤 직업을 희망하는가?	
과거에는 여자 혹은 남자만 했지만 지금은 모두 하는 일은?	
과거에는 사람이 하는 일이었으나 지금은 기계가 하는 일은?	

없어진 직업, 없어질 직업, 생겨날 직업에 대한 각각의 이유를 생각하여 적어 봅시다.

없어진 직업	
직업	이유
굴뚝 청소	
뱃사공	
고물장수	
인력거꾼	
마부	
없어질 직업	
직업	이유
교사	
신문배달부	
창문닦이	
주유원	
생겨날 직업	
직업	이유
식물치료사	
요리치료사	
우주선 여행사	
지하도시 건축사	
유전자 조작사	

활동 19 | 미래 사회의 유망 직업

미래 유망 직업에 대해 하는 일을 적고, 그 직업을 갖기 위해 준비할 것은 무엇인지 적어 봅시다.

직업	하는 일	직업을 갖기 위해 준비할 것은?
통신공학 기술자		
UI 개발자		
HCI 컨설턴트		
IP TV 영상처리 전문가		
시스템 반도체 연구 및 개발자		
RFID 시스템 기술자		
RFID 장비 기술자		
임베디드 기술자		
지능형 로봇 연구 및 개발자		
로봇 감성 인지전문가		

활동 20 | 나는 어떤 인재인가?

내가 어떤 인재인지 생각하면서 질문에 답해 봅시다.

질문	답	이유
내가 잘하는 것은?		
회사에서 내게 필요로 할 능력은?		
나의 발전 가능성은?		
내가 가진 의욕의 정도는?		
환경 변화에 적응하는 정도는?		

활동 21 | 내가 정한 직업은?

직업을 한 가지 선택하여(보기 참고) 그 직업을 가지기 위해 준비해야 할 일이 무엇이 있는지 생각하여 질문에 답해 봅시다.

보기			
119 구조대원	가수	간호사	개그맨
경찰관	검사	경찰특공대	경호원
골프선수	과학자	교수	군인
기자	농구선수	대체에너지 연구원	파이니스트
대통령	만화가	메이크업 아티스트	모델
목사	바이올리니스트	발레리나	백댄서
변호사	사업가	사회복지사	교사
성우	소설가	수녀	수영선수
수의사	스튜어디스	승려(스님)	신부
아나운서	야구선수	약사	영화감독
외교관	외환딜러	요리사	우주비행사
화가	환경학자	헤어디자이너	의사
이벤트 기획자	초등학교 교사	축구선수	카피라이터
캐릭터 디자이너	컴퓨터보안 디자이너	코디네이터	항공기 조종사
탤런트	통역사	판사	패션디자이너
프로게이머	프로듀서	피아니스트	한의사

내가 정한 직업:	
질문	답
그 직업의 정의와 하는 일은?	
그 직업의 전망은?	
그 직업을 갖기 위해서 진학해야 하는 고등학교와 계열은?	
그 직업을 갖기 위해서 진학해야 하는 대학의 과는?	
그 직업을 갖기 위해서 가져야 할 자격은?	
그 직업을 갖기 위해서 가져야 할 경력은?	

활동 22 | **내가 찾은 직업은?**

평소 좋아하거나 존경하는 인물의 직업에 대해서 생각하며 다음 질문에 답해 봅시다.

내가 찾은 직업:	
질문	답
그 직업의 정의와 하는 일은?	
직업의 특성은?	
그 직업의 전망은?	
수입은?	
유사 직업은?	
그 직업을 갖기 위해서 진학해야 하는 고등학교와 계열은?	
그 직업을 갖기 위해서 진학해야 하는 대학의 학과는?	
그 직업을 갖기 위해서 가져야 할 자격은?	
그 직업을 갖기 위해서 가져야 할 경력은?	
기타 궁금한 점은?	

활동 23 | **부모님 직업을 찾아서**

내 부모님의 직업에 관해 조사하고 부모님과 나의 직업에 관해 이야기를 나누면서 질문에 답해 봅시다.

부모님 직업을 찾아서	
질문	답
부모님의 직업은?	
현재 직업에 대한 만족하고 있는 점은?	
아쉬운 점은?	
어렵고 힘든 점은?	
부모님께서 나에게 바라는 진로는?	
부모님께서 나에게 바라는 직업은?	
내가 생각하는 진로와 직업은?	
부모님의 뜻에 맞는 진로를 선택할 때 노력할 점은?	
부모님과 내 생각이 다른 점은?	

활동 24 | **성공한 직업인과 함께하는 현장 체험**

성공한 직업인과 인터뷰한 후 다음 질문에 답해 봅시다.

성공인의 직업을 찾아서			
조사 일시	( )월 ( )일 ( ) 시부터 ( ) 시까지		
조사 대상		조사 장소	
직업은?			
그 직업을 희망한 이유 또는 동기는?			
필요한 적성과 자격은?			
되는 길은?			
성공할 수 있었던 비결은?			
보람 있었던 일은?			
직업을 택하려고 하는 젊은이들에게 하고 싶은 말씀은?			
전망은?			
조사를 마친 후의 소감 및 나의 각오는?			

전문계 고교 출신자만이 지원 가능한 수시 모집 전형으로는 '전문계 고교 출신자 특별 전형'과 '특성화 고교 출신자 특별 전형'이 있다. 이 중 전문계 고교 출신자 특별 전형은 대학의 입학 정원 안에서 선발하는 '정원 내'와 입학 정원과 별도로 배려 차원에서 추가 선발하는 '정원 외'로 구분하여 선발하나, 특성화 고교 출신자 특별 전형은 '정원 내'로만 선발한다.

9월 8일부터 입학원서를 접수하는 2011학년도 수시 모집에서 전문계고 전형은 단국대, 숙명여대, 홍익대 등 132개 대학에서 실시하며 전체 모집 정원은 1만 3,161명이다. 정원 내에서는 29개 대학이 2,926명을 모집하고, 정원 외에서는 129개 대학이 1만 235명을 모집한다. 하지만 지원 자격에는 정원 내와 정원 외의 차이는 거의 없다. 전문계 고교 졸업(예정)자는 물론 종합고의 전문계 과정 이수자도 지원이 가능하다. 정원 외의 경우 대학이 모집 정원의 5% 이내에서 자율적으로 모집 인원을 정해 실시한다. 이는 2004년부터 전문계 고교 출신자에게 고등교육의 기회를 넓혀 주기 위해 실시한 것이다. 초기에는 모집 정원의 3% 이내에서 선발하도록 했으나, 5% 이내까지 선발할 수 있도록 확대하였다.

활동 25 | 나의 고등학교 진로는?

나의 고등학교 진로에 관해 생각하면서 다음 질문에 답해 봅시다.

질문	답
내가 가고 싶은 고등학교는?	
이유는?	
부모님이 가라고 하는 고등학교는?	
이유는?	
선생님이 가라고 하는 고등학교는?	
이유는?	
3가지 이유가 같다면, 또는 다르다면 이유는?	
결과를 종합하여 볼 때 나의 적성에 가장 적합한 고등학교는?	

활동 26 | 나의 이력서

나의 이력서를 작성해 봅시다.

연락처: (H.P   ) (H   )

이 력 서				
사 진	성 명		주민등록번호	
	생년월일	년 월 일생 (만 세)		
주 소				
호적관계	호주와의 관계		호주 성명	
년 월 일	학력 및 경력사항			발령청
	자격증 취득상황			
	상기 내용은 사실과 틀림없음			
	년 월 일 (인)			

활동 27   **나의 자기소개서**

자기소개서를 작성해 봅시다.

자기소개서
성장 과정
성격 및 교우관계
학창시절 및 경력사항
직업관 및 지원 동기
장래희망

MEMO

제 4 장

나의 진로를
결정하라

활동 28 | 나의 적성은?

① 내가 가장 잘하는 10가지를 찾아서 적어 봅시다.

⇨ _____

② ①에 적은 내용을 앞장의 11가지 적성 유형으로 보았을 때 해당 적성이 무엇인지 써 봅시다.

⇨ _____

③ 자신의 부모님이나 형제, 친한 친구 등 나를 매우 잘 아는 사람들로부터 잘한다고 칭찬받은 일을 적어 봅시다.

⇨ _____

④ ③에 적은 내용은 앞장의 11가지 적성 유형으로 보았을 때 자신의 적성이 무엇인지 써 봅시다.

⇨ _____

⑤ 학교에서 실시한 적성 검사 결과는 어떤 유형의 적성이 높았습니까?

⇨ _____

⑥ 앞 문항에서 3가지의 조사를 비교하여 결과가 어느 정도 일치합니까? 일치하거나 일치하지 않는 이유가 무엇인지 적어 봅시다.

⇨ _____

⑦ 3가지 조사 결과를 종합하여 볼 때 나의 적성에 가장 적합한 직업은 무엇이라고 생각합니까?

⇨ _____

활동 29 | **나의 과목 적성은?**

나의 과목 적성에 관해 생각하면서 다음 질문에 답해 봅시다.

	내가 잘하는 과목	내가 좋아하는 과목
이 과목과 관련된 직업군은?		
직업을 위해 준비해야 할 일은?		
흥미 검사와 적성 검사에서 동시에 제시된 직업군은?		
검사 결과 새롭게 안 사실이나 느낀 점은?		

내가 흥미로워하는 분야에 관해 생각하면서 흥미 순위를 매기고 순위에 따라 직업을 골라 봅시다.

흥미 영역	과거	현재	미래	순위
문학적 흥미				
과학적 흥미				
사회과학적 흥미				
기계적 흥미				
전기 전자적 흥미				
상업적 흥미				
봉사적 흥미				
권력적 흥미				
사무적 흥미				
운동적 흥미				
음악적 흥미				
미술적 흥미				
종교적 흥미				
4위까지의 흥미에 맞는 나의 직업을 고른다면?				

나의 가치관에 관해 생각해 보고 질문에 답해 봅시다.

질문	답	이유
자신의 성격을 잘 나타내는 단어는?		
자신에게 없지만 갖고 싶은 성격은?		
고쳤으면 하는 성격은?		
나의 성격에 맞는 직업은?		
나의 성격에 맞지 않는 직업은?		

내 성격을 파악하여 나에게 어울리는 직업 유형을 찾아봅시다.

1번 유형	2번 유형
___ 몇 번이고 생각하며 검토한다. ___ 여러 번 생각한 끝에 결정을 내린다. ___ 어떤 일이든 따지려 든다. ___ 일단 결정하면 행동으로 옮긴다.	___ 매사에 흥분하는 일이 별로 없다. ___ 마음을 편안하게 갖는다. ___ 덜렁대지 않는다. ___ 아무 걱정이 없다.
3번 유형	4번 유형
___ 쾌활하고 대화하기를 좋아한다. ___ 마음이 따뜻하다. ___ 새로운 환경에 늘 도전한다. ___ 충동적이며 계획을 자주 변경한다.	___ 끈기가 있다. ___ 조용하다. ___ 동정심이 별로 일어나지 않는다.
5번 유형	6번 유형
___ 무슨 일에나 기분에 좌우된다. ___ 생각보다 행동이 앞선다. ___ 침착하지 못하다. ___ 행동에서 쾌감을 느낀다.	___ 혼자서도 일을 잘한다. ___ 모든 일에 잘 참는다. ___ 실제적이고 현실적이다. ___ 강인해 보인다.
7번 유형	8번 유형
___ 무엇인가 창조하고 싶다. ___ 자주 감동을 받는다. ___ 마음이 훈훈하다. ___ 누군가를 사랑하고 싶다.	___ 남의 말을 듣기가 싫다. ___ 모든 일에 앞장서야 후련하다. ___ 늘 명령하는 위치에 있고 싶어한다. ___ 어디서나 지배하는 사람이 되고 싶다.
9번 유형	10번 유형
___ 상상력이 풍부하다. ___ 다른 사람의 도움을 자주 구한다. ___ 부드럽고 점잖아 보인다. ___ 감정이 예민하여 조그만 일에도 놀라는 편이다.	___ 끈기가 없다. ___ 솔직하고 직선적이다. ___ 쉽게 당황한다. ___ 잘 긴장하고 침착하지 못하다.

11번 유형	12번 유형
___ 늘 혼자 있기를 즐긴다. ___ 낙엽을 사랑한다. ___ 달을 보면 울고 싶은 기분이 든다.	___ 배짱이 두둑하여 두려운 것이 없다. ___ 언제나 자신만만하다. ___ 담이 크다. ___ 법이나 질서를 쉽게 무시하기도 한다.

13번 유형	14번 유형
___ 내 주장대로 한다. ___ 지시나 충고를 받으면 불쾌하다. ___ 급진적이고 변화를 좋아한다. ___ 필요한 경우 정해진 규칙이라도 깬다.	___ 지시나 충고를 쉽게 받아들인다. ___ 전통적이고 관습적인 생각을 좋아한다. ___ 넌지시 제안한다. ___ 규칙을 잘 지킨다.

15번 유형	16번 유형
___ 조심성이 많다. ___ 앞에 나서기를 꺼려 한다. ___ 부끄럼을 잘 탄다. ___ 심사숙고하여 결정한다.	___ 아무런 근심 걱정이 없다. ___ 모두 잘 되어 간다고 생각한다. ___ 평화로운 시골 풍경과 한가함을 좋아한다. ___ 나쁜 일은 쉽게 잊어버린다.

출처: 서울특별시교육연구원(1991).

〈답지〉

번호	성격	관련 직업	번호	성격	관련 직업
1	생각형		9	민감형	
2	안정형		10	흥분형	
3	사교형		11	고독형	
4	냉담형		12	담대형	
5	활동형		13	독립형	
6	강인형		14	순종형	
7	예술형		15	내성형	
8	지배형		16	태평형	

활동 33 나의 신체적 조건은?

① 나의 신체적 기본 조건

체격			시력		신체적 장애	나의 몸은
키	몸무게	가슴둘레	좌	우	색맹, 색약, 빈혈, 난청, 기타	(　　) 마른 편, (　　) 보통, (　　) 뚱뚱하다
cm	kg	cm				

② 나의 신체적 조건

병명	예	아니요	병명	예	아니요
악취			신체적 쇠약		
손떨림(유수)			근시		
서투른 솜씨			색맹		
각질(편평족, 하지 혈관경련 포함)			난청		
신체의 동작 불민첩			발음장애		
간질			후각장애		
류머티스성 체질			폐질환		
탈장			심장질환		
전염병			피부병		

성취동기 검사

여러분 자신에 대한 성취동기를 검사해 보고자 하니 솔직하게 대답해 주기 바랍니다. 해당 문항이 맞으면 '예'에, 해당 문항이 맞지 않으면 '아니요'에 체크해 주세요.

	나의 성취동기는?	예	아니요
1	나는 무엇이든 한다면 한다.		
2	나는 나중에 성공하고 싶다.		
3	나는 성공하기 위해 공부한다.		
4	나는 도전하는 것을 좋아한다.		
5	나는 생각하는 것보다 실천하는 게 좋다.		
6	나는 목표가 있으면 잘 참는다.		
7	나는 어려운 문제도 해결하려고 노력한다.		
8	나는 무슨 일이든 잘하려고 노력한다.		
9	나의 미래에 대한 생각이 많다.		
10	나는 일을 시작하면 끝마치려고 한다.		
11	나의 새로운 일을 할 때 기분이 좋다.		
12	나는 호기심이 많다.		
13	나는 목표를 세우는 것을 좋아한다.		
14	나는 힘들어도 힘들다는 표현을 잘 하지 않는다.		
15	나는 어려운 일일수록 재미있다.		

'예'에 답한 총 개수 (   )개

활동 34 | **나의 가정 환경 조사하기**

나의 가정 환경에 대해 생각하면서 다음 질문에 답해 봅시다.

구분	학력	직업	월평균 수입
아버지			
어머니			
나의 진로에 대해 가장 걱정해 주시는 분은?			
이유는?			
나의 가족은 내가 무엇이 되기를 바라고 있는가?			
이유는?			
만일 가족과 나의 의견이 다르다면 자신은 어떻게 할 계획인가?			
이유는?			

나의 진로 계획에 대해 생각하면서 다음 빈칸에 내용을 써 봅시다.

구분	내용	직업
적성		
흥미		
가치관		
성격		
신체 조건		
가정 환경		
자신이 결정한 진로		
정한 직업의 개념		
정한 직업이 하는 일		
정한 직업의 월수입		
정한 직업을 위한 대학과 학과		
정한 직업을 위한 자격증		

| 활동 36 | 나의 의사결정 훈련 |

내가 만약 철수라면 어떻게 결정할지 생각하면서 질문에 답해 봅시다.

철수는 지금 3학년으로 성적은 상위권에 속하고, 활발한 성격이며 리더십을 가지고 있다. 어디로 진학할지 고민하고 있다.

질문		답
어떤 직업을 선택해야 하는가?		
어떠한 정보를 모아야 하는가?		
가능한 대안은 무엇이 있는가?	대안 1	
	대안 2	
	대안 3	
대안 중에 무엇이 가장 유익한가?	대안 1	
	대안 2	
	대안 3	
대안 중에 선택하면?		
결정된 대안을 실행하기 위해 어떻게 해야 하는가?		
결정한 내용과 그 결과를 검토하면?		

활동 37 | 나의 진로 계획하기

나의 진로에 대해 생각하면서 다음 질문에 답해 봅시다.

질문	답	
나의 진로 목표는?		
나의 특성은?		
내가 받은 상은?		
나의 장점은?		
나의 인성 검사 결과는?		
나의 적성 검사 결과는?		
나의 꿈을 이루기 위한 과정은?		
나의 인생 플랜은?	20대	
	30대	
	40대	
	50대	
	60대	
목표 달성을 위한 당면 문제와 해결 방안은?		
진학과 나의 다짐은?		

제 5 장

자격증, 알고 취득해야 한다

활동 38 | 자격증 이해하기

자격증에 관해 생각하면서 답해 봅시다.

내가 생각하는 자격증이란?		
	구분	**특징**
자격의 기능 및 활용은?	개인적 차원	
	기업 차원	
	국가 차원	
내가 취득하고 싶은 자격증의 정보는?	자격증 이름	
	시행청	
	시험과목	
	취득 이유	
	비슷한 자격증	

저자소개

전도근

공주대학교 일반사회교육과를 졸업하고 경희대학교 교육대학원에서 교육공학을 공부하였으며, 홍익대학교에서 평생교육정책으로 박사학위를 받았다. 의정부고등학교와 의정부여자고등학교, 화수고등학교에서 16년간 교사로 학생들을 지도하였고, 강남대학교에서 5년간 강의하였다. 지금까지 교육, 컴퓨터, 요리, 자동차, 서비스 등과 관련된 50여 개의 자격증을 취득하였으며, 각 대학교, 지방자치단체, 교육청, 평생교육원, 국가전문행정연수원 및 각종 기업체 연수원 등에서 3,000여 회 이상 특강을 하였다. 제1회 평생학습대상 특별상을 수상하였고, SBS 〈순간 포착 세상에 이런 일이〉, KBS 〈한국 톱텐〉에 소개된 바 있다. 『엄마는 나의 코치』『공부하는 부모가 공부 잘하는 자녀를 만든다』『생산적 코칭』『명강사를 위한 명강의 전략』『자기주도적 공부습관을 길러 주는 학습코칭』『내 인생의 내비게이션 자기주도학습 캠프』 등을 비롯한 100여 권의 책을 집필하였다.

창의적 재량활동 시리즈 [학생용 워크북]

2 진로직업 교육

2011년 1월 24일 1판 1쇄 발행
2021년 8월 20일 1판 9쇄 발행

지은이 • 전 도 근
펴낸이 • 김 진 환
펴낸곳 • (주) **학지사**

04031 서울특별시 마포구 양화로 15길 20 마인드월드빌딩 5층

대표전화 • 02) 330-5114   팩스 • 02) 324-2345

등록번호 • 제313-2006-000265호

홈페이지 • http://www.hakjisa.co.kr
페이스북 • https://www.facebook.com/hakjisabook

ISBN 978-89-6330-584-4 04370

978-89-6330-580-6 (set)

정가 6,000원

출판 · 교육 · 미디어기업 **학지사**

간호보건의학출판 **학지사메디컬** www.hakjisamd.co.kr
심리검사연구소 **인싸이트** www.inpsyt.co.kr
학술논문서비스 **뉴논문** www.newnonmun.com
원격교육연수원 **카운피아** www.counpia.com